EDELVAN JOSÉ DOS SANTOS

Novena de Nossa Senhora do Carmo

SANTUÁRIO

DIREÇÃO EDITORIAL:
Pe. Fábio Evaristo R. Silva, C.Ss.R.

REVISÃO:
Luana Galvão

COORDENAÇÃO EDITORIAL:
Ana Lúcia de Castro Leite

DIAGRAMAÇÃO E CAPA:
Bruno Olivoto

COPIDESQUE:
Sofia Machado

Textos bíblicos extraídos da *Bíblia de Aparecida*, Editora Santuário, 2006.

ISBN 978-85-369-0609-6

1ª impressão

Todos os direitos reservados à **EDITORA SANTUÁRIO** – 2019

Rua Pe. Claro Monteiro, 342 – 12570-000 – Aparecida-SP
Tel.: 12 3104-2000 – Televendas: 0800 - 16 00 04
www.editorasantuario.com.br
vendas@editorasantuario.com.br

Nossa Senhora do Carmo

A história da Igreja é marcada por preciosos acontecimentos, repletos de provações e de imensurável amor de Deus por seus filhos. Um desses episódios, em que presenciamos a misericórdia divinal, aconteceu devido à aparição de Nossa Senhora do Carmo (ou Nossa Senhora do Monte Carmelo) a São Simão Stock.

De origem hebraica, Carmelo significa "Vinha do Senhor" e orienta-nos à montanha da Palestina, onde o profeta Elias e Eliseu, seu sucessor, evidenciaram a presença de Deus. Foi na região do Monte Carmelo que se deu origem à Ordem dos Carmelitas, dedicados à oração e penitência.

Com as perseguições aos cristãos naquela terra santa, os eremitas do Monte Carmelo migraram para o continente europeu, permanecendo na Inglaterra, e uniram-se a um eremita, chamado Simão

Stock, homem penitente e que vivia solitariamente na convexidade de uma árvore em meio à floresta.

Após ter inúmeras dificuldades em sua vida e passar a viver com os eremitas do Carmelo, Simão foi agraciado com a aparição de Maria, no dia 16 de julho de 1251. Quando proferia a graciosa oração, por ele composta: "Flor do Carmelo, vinha florífera, Esplendor do céu, Virgem fecunda, singular. Ó Mãe benigna, sem conhecer varão, aos Carmelitas dá privilégio, Estrela do Mar!", eis que uma luz surgiu, envolvida por anjos, e lhe apareceu a Virgem Maria, com o Escapulário nas mãos, proferindo as seguintes palavras: "Recebe, diletíssimo filho, este Escapulário de tua Ordem como sinal distintivo e a marca do privilégio que eu obtive para ti e para todos os filhos do Carmelo; é um sinal de salvação, uma salvaguarda nos perigos, aliança de paz e de uma proteção sempiterna. Quem morrer revestido com ele será preservado do fogo eterno".

A devoção ao Escapulário de Nossa Senhora do Carmo constitui-se em uma das mais populares e antigas devoções marianas, conduzindo-nos a Deus pela promessa de sua misericórdia e seu perdão.

Na aparição da Virgem do Carmo a Simão Stock, Maria Santíssima surgiu com seu Filho Jesus em seus braços, como seu tesouro mais precioso, e convidou-nos a sempre nos revestirmos com seu poderoso Escapulário, que é o seu Filho, nosso Deus e também nosso tesouro. A Virgem é o caminho até seu Filho, caminho direto para Jesus; Nossa Senhora apresenta seu filho para que o adoremos e nos convida a nos aproximarmos dele, em todos os momentos, seja na alegria ou no desespero.

A veneração a Nossa Senhora do Carmo espalhou-se por todo o mundo com a Ordem Carmelita. Ela é padroeira do Chile, e sua festa litúrgica é celebrada em 16 de julho.

Nossa Senhora do Carmo inspira-nos a caminharmos na fraternidade, na paz e no amor ao próximo. Ela quer nos reanimar diante de nossas limitações e nos pede incansavelmente para perseverarmos firmes em Cristo e para nos mantermos alerta com a presença de falsos profetas, que tentam nos desviar do caminho da salvação.

Oração inicial

– Em nome do Pai, do Filho e do Espírito Santo.
– Amém!
– A nossa proteção está no nome do Senhor,
– que fez o céu e a terra!
– Ouvi, Senhor, minha oração!
– E chegue até vós o meu clamor!

– Vinde, Espírito Santo, enchei os corações de vossos fiéis e acendei neles o fogo do vosso amor. Enviai vosso Espírito, e tudo será criado! E renovareis a face da terra!

Oremos: Ó Deus, que instruístes os corações dos vossos fiéis com a luz do Espírito Santo, fazei que apreciemos retamente todas as coisas, segundo o mesmo Espírito, e gozemos sempre da sua consolação. Por Cristo, nosso Senhor. Amém!

Oferecimento da Novena
Ó Maria Santíssima, Mãe do Carmelo, neste dia de novena, quero consagrar minha vida a teus

cuidados, em um singelo gesto de agradecimento pelas graças que recebi do Pai por tua intercessão. Sei que olhas com bondade para teus pobres filhos, por isso venho te pedir: "Ampara-me na fragilidade com tua virtude, ilumina com tua sabedoria a escuridão de meus pensamentos e aumenta minha fé, esperança e caridade, para que eu sempre esteja fortalecido pelo amor de Deus e pela devoção que tenho por teu divino Escapulário *(pedir a graça a ser alcançada)*.

Ajuda-me na luta constante, para que eu possa ser fiel a teu filho Jesus, desprezando o pecado e imitando tuas virtudes, ó auxiliadora dos oprimidos. Quero oferecer ao Deus-Amor todas as graças que recebi por teu intermédio maternal, e que tua benevolência me ajude a obter o perdão de meus pecados. Ó Virgem bondosa, que teu amor me faça ser digno para, um dia, unir-me ao Sagrado Coração de Jesus e a teu Sagrado Coração de Mãe. Amém!

Oração final

Ladainha de Nossa Senhora do Carmo

Senhor, **tende piedade de nós.**
Jesus Cristo, **tende piedade de nós.**
Senhor, **tende piedade de nós.**
Jesus Cristo, **ouvi-nos.**
Jesus Cristo, **atendei-nos.**
Deus Pai, que estais nos Céus, **tende piedade de nós.**
Deus Filho, Redentor do Mundo, **tende piedade de nós.**
Espírito Santo Paráclito, **tende piedade de nós.**
Deus uno e Trino, **tende piedade de nós.**
Mãe do Cristo Ressuscitado, **rogai por nós.**
Mãe do Deus Verdadeiro, **rogai por nós.**
Mãe do Divino Escapulário, **rogai por nós.**
Mãe Benigna, **rogai por nós.**
Virgem do Monte Carmelo, **rogai por nós.**
Virgem Poderosa, **rogai por nós.**

Virgem Clemente, **rogai por nós**.
Virgem Fiel, **rogai por nós**.
Estrela da manhã, **rogai por nós**.
Consoladora dos aflitos, **rogai por nós**.
Mediadora das graças, **rogai por nós**.
Saúde dos enfermos, **rogai por nós**.
Cordeiro de Deus, que tirais o pecado do mundo, **perdoai-nos, Senhor**.
Cordeiro de Deus, que tirais o pecado do mundo, **ouvi-nos, Senhor**.
Cordeiro de Deus, que tirais o pecado do mundo, **tende piedade de nós**.
Rogai por nós, Santa Mãe de Deus,
para que sejamos dignos das promessas de Cristo. Amém!

Oração: Nossa Senhora do Carmo, Mãe de Deus e nossa, protetora fiel dos pecadores que usam teu sagrado Escapulário e comprometem-se em buscar a conversão pelo preciosíssimo Sangue e Corpo de Cristo, venho te agradecer as graças recebidas e pedir que interceda junto a teu Filho Jesus o perdão de meus pecados, a salvação de minha alma, o consolo de minhas aflições.

(Rezar 1 Pai-Nosso, 3 Ave-Marias e 1 Glória ao Pai.)

Sê minha Mãe defensora contra os inimigos da alma, a esplendorosa luz diante de meus inúmeros erros, o conforto em minhas dúvidas e tristezas. Sê a minha força quando meu corpo e minha alma adoecerem; no desprezo humano, sê meu encorajamento. Enfim, ama-me com teu coração maternal, protege-me com teu milagroso Escapulário e, imploro: recebe-me em teus braços quando eu morrer, ó Virgem do Monte Carmelo. Assim seja. Amém!

Em nome do Pai, do Filho e do Espírito Santo. Amém!

1º dia
Nossa Senhora do Carmo, a Mãe de Deus

1. Oração inicial *(p. 8)*

2. Palavra de Deus *(Lc 1,30-33)*

Disse o anjo Gabriel a Maria: "Não tenhas medo, Maria, porque Deus se mostra bondoso para contigo. Conceberás em teu seio e darás à luz um filho e lhe porás o nome de Jesus. Ele será grande e será chamado Filho do Altíssimo. O Senhor Deus lhe dará o trono de Davi, seu pai, e ele reinará para sempre na casa de Jacó. E seu reino não terá fim".
– Palavra da Salvação.

3. Reflexão

Somos filhos privilegiados do Pai, que jamais nos deixou esquecidos e ainda nos ofereceu a certeza da proteção maternal de Maria; certeza confirmada em suas aparições e manifestações em nosso meio.

A Virgem do Carmo revela-nos seu preciosíssimo tesouro, trazido em seus braços – o Filho Jesus –, e ensina aos homens que Ele deve ser o centro de nossa fé. Cristo é o Deus Vivo, nascido da bem-aventurada entre todas as mulheres, e, desse modo, pelo desejo do Altíssimo, Maria recebe o mérito de ser a Mãe de Deus.

Nossa Senhora quer que sejamos fiéis a seu filho Jesus, que acreditemos em sua misericórdia, ainda que falsos profetas tentem manipular nossos pensamentos e nossas atitudes. Além disso, o maligno tenta desviar-nos do caminho da santidade, mas eis que vem, em nossa defesa, a Virgem do Carmo e presenteia-nos com o Escapulário, instrumento poderoso contra o mal, que salvaguarda os filhos de Deus do fogo do inferno, desde que se mantenham comprometidos à conversão e à prática constante do Evangelho.

Ó Mãe de Deus, Virgem do Monte Carmelo, protege minha família de todos os males, que tentam nos desunir. Que minha casa seja iluminada com tua graça de Mãe, que ama incondicionalmente todos teus filhos. Queremos viver conforme os mandamentos de Cristo, destruindo as sementes da discórdia, da traição e do egoísmo, e nos comprometemos a praticar o diálogo e o perdão, seguindo os passos de tua Sagrada Família de Nazaré.

Nossa Senhora do Carmo, roga por nós, teus filhos, agora e na hora da morte! Amém!

4. Oração final e Ladainha *(p. 10)*

2º dia
Nossa Senhora do Carmo e a Nova Aliança

1. Oração inicial *(p. 8)*

2. Palavra de Deus *(Lc 1,39-42.45)*

Naqueles dias, Maria partiu em viagem, indo às pressas para a região montanhosa, para uma cidade da Judeia. Entrou na casa de Zacarias e cumprimentou Isabel. Logo que Isabel ouviu a saudação de Maria, o menino saltou em seu seio, e Isabel ficou cheia do Espírito Santo e exclamou em alta voz: "Tu és bendita entre as mulheres e bendito é o fruto de teu ventre! Bem-aventurada aquela que acreditou que se cumpriria o que lhe foi dito da parte do Senhor!"

– Palavra da Salvação.

3. Reflexão

Por Maria se cumpriu a profecia, seu "sim" libertou-nos do pecado e resgatou a esperança do povo sofrido pela injustiça, violência e desigualdade. A Virgem tinha total conhecimento de que sua caminhada não seria fácil, pois seu único filho morreria por nossa culpa. Mas seu coração imaculado jamais hesitou em desistir do projeto de Deus e aceitou o que o Pai lhe confiou, desde a visita do anjo Gabriel até a crucificação de Cristo, por amar cada pecador como ama o Altíssimo.

Jesus estabeleceu com toda a humanidade e todas as gerações futuras a Nova Aliança – a garantia da vida eterna – para todos acreditarem na misericórdia do Pai, no poder dos dons do Espírito Santo e no Corpo e Sangue do Filho, presentes na Eucaristia. Enfim, a Nova Aliança deu-nos a oportunidade de sermos salvos da mancha do pecado, graças à sublime entrega de Cristo durante a crucificação.

Ó Maria Santíssima, Mãe do Carmo, em teu colo traz nosso Jesus, mostrando-nos que teu filho reina eternamente e que somente a Ele devemos adoração por tão grandioso gesto de amor. Ó Flor do Carmelo, intercede junto a Deus para que sejamos lembrados como herdeiros da salvação, prometida por Jesus. Com teu Escapulário cravado em nosso peito, comprometemo-nos a renunciar toda manifestação do pecado em nossa vida, pois queremos honrar o sacrifício de teu Filho, zelando por nosso corpo e nossa alma, templo e altar do Espírito Santo.

Nossa Senhora do Carmo, roga por nós, teus filhos, agora e na hora da morte! Amém!

4. Oração final e Ladainha *(p. 10)*

3º dia
Nossa Senhora do Carmo, a servidora do Altíssimo

1. Oração inicial *(p. 8)*

2. Palavra de Deus *(Lc 1,46-49)*

Disse Maria a Isabel: "Minha alma engrandece o Senhor e meu espírito se alegra em Deus, meu Salvador, porque Ele olhou para sua humilde serva; pois daqui em diante todas as gerações proclamarão que sou feliz! Porque o Todo-Poderoso fez por mim grandes coisas e santo é seu nome".
– Palavra da Salvação.

3. Reflexão

A jovem Maria recebeu uma mensagem especial de Deus, assumindo com responsabilidade a missão de mãe e educadora de Jesus. "Eis aqui a servidora do Senhor" (Lc 1,38) foi a resposta da Mulher missionária, a Predileta do Pai, que jamais quis para si vantagem ou glória, mas quisera somente servir a Deus e aos irmãos.

Sim, a Virgem Maria se pôs a caminho de quem necessitava de sua ajuda, como nos mostrou o Evangelho ou quando ela visitou Isabel (Lc 1,39). Apesar das dificuldades encontradas para chegar até a casa de sua prima, por se tratar de uma região montanhosa, a Mãe de Jesus não hesitou em ajudar, pois para quem está convencido de servir o próximo não há barreiras que o impeçam de chegar ao destino final.

Certamente, Nossa Senhora muito aprendeu com a prima Isabel, durante aqueles três meses. Existem muitos ensinamentos que podemos extrair da visita de Maria, se quisermos seguir seus passos. Quando nos colocamos a serviço do irmão, aprendemos e ensinamos; quando nos doamos, recebemos o bem maior: a misericórdia divina. Colocar-se à disposição do outro requer generosidade e desprendimento, virtudes da Mãe do Salvador e atributos necessários a todos que desejam servir a Igreja.

A partir do "sim" de Maria, se quisermos um mundo melhor para todos, devemos começar hoje a agir em favor do bem comum, dizendo a Jesus "Eu também vim para servir seu Reino de Amor!" Sim, ó Virgem do Carmo, nasci para quem precisa de mim, por isso venho, a partir de agora, evangelizar, denunciar as injustiças sociais, reanimar os entristecidos, enfim, operar maravilhas em nome do Senhor, pois sou servo(a) do Altíssimo. Assim seja!

Nossa Senhora do Carmo, roga por nós, teus filhos, agora e na hora da morte! Amém!

4. Oração final e Ladainha *(p. 10)*

4º dia
Nossa Senhora do Carmo, protetora dos carmelitas

1. Oração inicial *(p. 8)*

2. Palavra de Deus *(Ap 12,1-2.5)*

Um grande sinal apareceu no céu: uma Mulher vestida com o sol, tendo a lua sob os pés e uma coroa de doze estrelas na cabeça. Estava grávida e gritava de dor, angustiada para dar à luz. Ela deu à luz um filho, um menino, aquele que vai governar todas as nações com cetro de ferro. Mas seu filho foi arrebatado para junto de Deus e de seu trono.
– Palavra do Senhor.

3. Reflexão

A Ordem Carmelita nasceu do desejo de seguir a vida eremítica – contemplativa e solitária – do profeta Elias, que outrora havia desafiado os idólatras do deus Baal, no Monte Carmelo (1Rs 19).

Quando os carmelitas foram expulsos de Israel pelos muçulmanos, dirigiram-se para a Europa; contudo as dificuldades continuaram na tentativa de conservar a tradição eremítica.

Na Inglaterra, residia um piedoso homem, São Simão Stock, que também pertencia à obra carmelita. Pela providência divina, durante a oração do terço, a Virgem Maria apareceu a ele, entregou-lhe o Escapulário, dizendo a Simão que aquele cordão protegeria todos os filhos da Ordem do Carmo; ainda revelou que todo aquele que morresse com o escapulário, seria preservado do fogo do inferno. Logo, a ordem expandiu-se por todo o mundo, pela intercessão de Nossa Senhora e pelo poder de Deus.

A Virgem do Carmo prometeu salvar a todos que recorressem a sua proteção e mantém essa promessa para toda a humanidade. As graças concedidas a quem possui o Escapulário são abundantes, mas nós, os cristãos, devemos estar conscientes de que esse instrumento somente nos salva das trevas se assumirmos uma postura de mudança de atitude, eliminando o comodismo do pecado e cumprindo os mandamentos de Deus.

Ó Senhora do Monte Carmelo, quero me revestir com teu Escapulário de graças; protege-me contra as ciladas do demônio, socorre-me nos perigos e nas aflições. Intercede para que eu cresça na fé, seguindo o Evangelho de Cristo, para alcançar a vida eterna. Assim seja!

Nossa Senhora do Carmo, roga por nós, teus filhos, agora e na hora da morte! Amém!

4. Oração final e Ladainha *(p. 10)*

5º dia
Nossa Senhora do Carmo, nossa Esperança

1. Oração inicial *(p. 8)*

2. Palavra de Deus *(Mt 2,13-15)*

Um anjo do Senhor apareceu em sonho a José e lhe disse: "Levanta-te, toma o menino e a mãe dele e foge para o Egito. Fica lá até eu te avisar, porque Herodes vai procurar o menino para matá-lo". José levantou-se, tomou de noite o menino e a mãe dele e partiu para o Egito. Ficou lá até a morte de Herodes, para se cumprir o que o Senhor falara pelo profeta, com as palavras: "Do Egito chamei meu filho".
– Palavra da Salvação.

3. Reflexão

A intercessão de Maria foi fundamental para que a Ordem do Carmo não fosse aniquilada pelos muçulmanos. Não tiveram apoio humano, mas receberam o auxílio da Virgem Santíssima.

A figura da Mãe de Jesus sempre foi envolvida pelo sinal de esperança para todos os povos. A partir do momento em que dissera "sim" ao anjo do Senhor, foi dado novo sentido à vida humana: saímos do pecado e, de coração contrito, passamos a trilhar o caminho da misericórdia divina.

Impossível ficar indiferente diante da presença materna de Maria. Ela sempre será nossa intercessora, a medianeira das graças de todas as nações. Na França, a Virgem Mãe de Deus se apresenta a Bernadete como a Senhora de Lourdes; em Portugal, revela-se aos três pastorinhos, na Cova da Iria, como a Senhora de Fátima; no México, um humilde indígena tem o privilégio de encontrar-se com a Senhora de Guadalupe. E, durante esses nove dias, temos a honra de venerar a Mãe da Esperança, com o título de Senhora do Carmo.

Ó Virgem do Carmo, inúmeros agradecimentos te dirigimos, pois infinitas são as graças concedidas aos filhos de Deus. Que seria da humanidade se não tivéssemos teu auxílio? Estaríamos entregues à própria sorte sem teu cuidado maternal, andaríamos sem rumo e sem ânimo neste mundo traiçoeiro. Mas, ó minha Mãe, és minha esperança, meu refúgio e minha proteção todos os dias de minha vida. Assim seja!

Nossa Senhora do Carmo, roga por nós, teus filhos, agora e na hora da morte! Amém!

4. Oração final e Ladainha *(p. 10)*

6º dia
Nossa Senhora do Carmo, a intercessora dos pecadores

1. Oração inicial *(p. 8)*

2. Palavra de Deus *(Lc 2,33-35)*

José e Maria estavam maravilhados com as coisas que dele se diziam. Simeão os abençoou e disse a Maria, sua mãe: "Este menino vai causar a queda e a elevação de muitos em Israel; ele será um sinal de contradição; a ti própria, uma espada te traspassará a alma, para que se revelem os pensamentos de muitos corações".

– Palavra da Salvação.

3. Reflexão

Maria viveu constantemente em perfeita união com Deus, assumiu a missão de cooperadora da salvação, trazendo ao mundo o Filho do Altíssimo. O compromisso com o Pai exigiu muitos sacrifícios da imaculada jovem, pois jamais seria aceitável aos olhares daquela sociedade conviver com uma jovem sendo mãe solteira.

O pecado habitava somente os pensamentos de quem a caluniava, porque ela sempre viveu a pureza de corpo e alma. Certamente, quiseram apedrejá-la por estar grávida antes de casar-se, mas mal sabiam a grave transgressão que cometiam contra a Mãe da Humanidade.

E o pecado continua a nos escravizar: ao ignorarmos o irmão de rua, ao negarmos o perdão a quem nos ofendeu, ao nos usarmos para obtermos prazeres carnais... Enfim, as amarras do pecado estão a nos aprisionar assim que aprendemos a discernir entre o bem e o mal e optamos por agir contra Deus.

Contudo, o Pai se mostra compassivo com os arrependidos, e sua misericórdia infinita é capaz de dar-nos uma Mãe intercessora, que guia nossos caminhos para vivermos a paz e a fraternidade.

Ó Senhora do Carmo, recebe em tuas mãos minha contrição pelas atitudes e pelos pensamentos profanos. Concede-me a graça da conversão, ó intercessora dos pecadores, porque desejo amar a Deus sobre todas as coisas e ao próximo como a mim mesmo. Assim seja!

Nossa Senhora do Carmo, roga por nós, teus filhos, agora e na hora da morte! Amém!

4. Oração final e Ladainha *(p. 10)*

7º dia
Nossa Senhora do Carmo e a Família de Deus

1. Oração inicial *(p. 8)*

2. Palavra de Deus *(Pr 23,15.22-23.25)*

Meu filho, se teu coração for sábio, também meu coração se alegrará. Escuta teu pai que te gerou, não desprezes tua mãe quando velha. Adquire o verdadeiro bem e não o cedas: a sabedoria, a instrução e o entendimento. Que teu pai e tua mãe se alegrem e exulte aquela que te gerou.
– Palavra do Senhor.

3. Reflexão

Falar de Maria e de sua relação com a família sempre requer muito carinho. Jesus, Maria e José são o alicerce para todas as famílias cristãs, porque Deus se fez presente naquele lar de Nazaré, na pessoa de seu Filho, e mostrou ao mundo inteiro que o sofrimento existe no seio familiar, mas que as flagelações impostas pela sociedade individualista e capitalista são superadas quando nos abraçamos com verdadeiro espírito de fé.

Devemos ter convicção de que o lugar de Deus sempre deverá ser à frente da família. Obediência ao Pai e cumprimento de seus preceitos mantêm a ordem e o bom convívio familiar; e os desafios surgidos não são mais vistos como "pedras de tropeço", mas encarados como circunstâncias que vêm provar quão poderosa é a força do amor da família.

Sabemos que muitos fatores podem, por ventura, distorcer a formação dos filhos e a relação afetuosa do casal. O materialismo desmedido, o poder, o dinheiro e o prazer corrompem pessoas e a fortaleza familiar, mas, quando o diálogo e o respeito marcam o convívio de nossos lares, dificilmente seremos iludidos por falsos deuses; aliás, temos a nosso favor a excelsa Família de Deus: o Pai, o Filho, o Espírito Santo e também Maria Santíssima, nossa Mãe intercessora.

Façamos a experiência de Maria, transformando nossos lares em templos sagrados de doação, compreensão e oração. Aquele que se doa pela família não deixa espaço ao egoísmo dentro do coração; quando se coloca no lugar do outro e perdoa os erros passados, fecha-se a porta de nossa casa ao individualismo; enfim, quando a família reza unida, permanece em harmonia e fortalecida. Reflitamos!

Ó Mãe do Carmo, bem-aventurada és a Senhora entre todos os viventes, pois trouxeste ao mundo meu amado Jesus. Impossível imaginar como posso merecer tua intercessão, mas bem sei que não olhas para minhas imperfeições, pois esperas de mim a conversão e meu amor ao próximo. Ó Nossa Senhora, socorre minha família nas tribulações com teu Escapulário misericordioso. Unidos a teu Filho, lutaremos pela fortaleza familiar e contra o pecado. Assim seja!

Nossa Senhora do Carmo, roga por nós, teus filhos, agora e na hora da morte! Amém!

4. Oração final e Ladainha *(p. 10)*

8º dia
Nossa Senhora do Carmo, Mãe da Humanidade

1. Oração inicial *(p. 8)*

2. Palavra de Deus *(Jo 19,25-27)*

Junto à cruz de Jesus estavam de pé sua mãe, a irmã de sua mãe, Maria, mulher de Cléofas, e Maria Madalena. Jesus, vendo sua mãe e, perto dela, o discípulo que amava, disse a sua mãe: "Mulher, eis aí teu filho". Depois disse ao discípulo: "Eis aí tua mãe". E, desta hora em diante, o discípulo acolheu-a em sua casa.
– Palavra da Salvação.

3. Reflexão

Do alto da cruz, sofrendo terríveis dores, Jesus volve seu olhar compassivo a João e mostra-lhe que, a partir daquele momento, Maria será sua Mãe, a Mãe de toda a humanidade. Com efeito, ao fim de sua vida terrena, o Cristo estabelece uma intensa relação de amor e compaixão entre Nossa Senhora e os cristãos.

As palavras de Jesus dirigidas a Maria e João vão além de simples sentimento de afeto, mas conduzem a um plano superior. A Virgem Santíssima assume novamente a missão salvífica. Quando ela deu à luz Cristo, a salvação habitou entre nós, e, ao partir deste mundo para o Reino Glorioso, o Filho não nos deixa abandonados, mas nos oferece sua mãe como intercessora. Sim, a Salvação nasce do ventre de Maria, e ela é a ponte que preserva nossa vida do abismo do pecado eterno e nos conduz ao Pai.

Maria, a Mulher das bodas de Caná e do Calvário, relembra a figura de Eva, Mãe de todos os viventes (Gn 3,20), quando sua maternidade universal é atribuída pelo Cristo Crucificado. Entretanto, a esposa de Adão favorece a entrada do pecado no mundo e, em contrapartida, Nossa Senhora, a nova Eva, participa ativamente do plano de salvação dos homens.

Ó Mãe do Carmelo, Mulher Redentora, não desprezaste minha salvação, pois teu coração imaculado jamais seria capaz de fazê-lo. Ó Senhora, graças te dou por ser meu auxílio nos momentos tempestuosos, acalmaste minha alma, quando me ofereceste teu Escapulário divinal. Consagro minha vida totalmente a teus cuidados e afirmo meu compromisso de também ser instrumento de salvação aos desacreditados no Amor de teu Jesus. Assim seja!

Nossa Senhora do Carmo, roga por nós, teus filhos, agora e na hora da morte! Amém!

4. Oração final e Ladainha *(p. 10)*

9º dia
Nossa Senhora do Carmo e o Divino Escapulário

1. Oração inicial *(p. 8)*

2. Palavra de Deus *(Jo 2,1-5)*

Houve uma festa de casamento em Caná da Galileia e lá se encontrava a mãe de Jesus. Também Jesus foi convidado para a festa junto com seus discípulos. Faltando o vinho, a mãe de Jesus lhe disse: "Eles não têm mais vinho". Respondeu-lhe Jesus: "Mulher, que importa isso a mim e a ti? Minha hora ainda não chegou". Sua mãe disse aos serventes: "Fazei tudo o que ele vos disser".
– Palavra da Salvação.

3. Reflexão

Quando Nossa Senhora apareceu a São Simão Stock, ela presenteou-o com o Escapulário: longa faixa de tecido, a qual seria usada por cima do hábito dos carmelitas. Com o passar dos anos, o escapulário foi adaptado para que os leigos também tivessem o ensejo de usá-lo: um cordão com dois pedaços de pano, um com a imagem de Nossa Senhora do Carmo e o outro com a do Sagrado Coração de Jesus.

A tradição afirma que, quando o Escapulário se rompe do pescoço, é por que o fiel livrou-se de um perigo. Sim, esse instrumento de devoção requer de cada pessoa o compromisso com Maria de praticar as virtudes que ela ensina para ser merecedor da promessa do livramento do fogo do inferno.

Caminhando com a Mãe de Jesus, com nosso Escapulário no peito, a esperança se renova e brota a certeza de que o Pai nos espera na Morada Eterna. O Deus-Trino nunca nos abandona, aliás, depois da ascensão de Cristo, faz-nos recordar de seu poder supremo pelos séculos, pela presença de Nossa Senhora em nosso meio.

Por intermédio da Virgem Maria, muitas graças realizam-se em nossa vida, pela vontade do Altíssimo. Todos os milagres acontecem pela força do Pai, mas, se Ele desejou que a Salvação viesse por Maria, é também desejo de Deus que iniciemos nossa busca pela salvação por meio da Mãe, medianeira eterna de Cristo, Luz do Mundo.

Ó Senhora e Mãe do Carmo, durante esta novena, muitas graças recebi por teu amor maternal. Mas a caminhada continua, pois jamais deixarei de olhar para teu rosto compassivo e terno, que me conduz à Verdadeira Paz, Jesus Cristo. Assim seja!

Nossa Senhora do Carmo, roga por nós, teus filhos, agora e na hora da morte! Amém!

4. Oração final e Ladainha *(p. 10)*

A marca FSC® é a garantia de que a madeira utilizada na fabricação do papel deste livro provém de florestas que foram gerenciadas de maneira ambientalmente correta, socialmente justa e economicamente viável.

Este livro foi composto com as famílias tipográficas Avenir, Bellevue e Calibri e impresso em papel Offset 75g/m² pela **Gráfica Santuário.**

*Novena de
Nossa Senhora do Carmo*